Ich, Martin ~~Luther~~

erzähle Euch aus meinem Leben

Bernhard Naumann

Ich, Martin Luther,

erzähle Euch aus meinem Leben

edition ✤ chrismon

Trotz sorgfältiger Nachforschung konnten nicht alle Fotografen des
verwendeten Bildmaterials ausfindig gemacht werden. Selbstverständlich sind wir bereit, durch den Foto-Abdruck entstandene Ver-
wertungsansprüche abzugelten. Wir bitten darum, sich mit uns in
Verbindung zu setzen.

Bibliografische Information der Deutschen Nationalbibliothek:
Die Deutsche Nationalbibliothek verzeichnet diese Publikation
in der Deutschen Nationalbibliografie; detaillierte bibliografische
Daten sind im Internet über http://dnb.d-nb.de abrufbar.

© 2017 by edition chrismon in der
Evangelischen Verlagsanstalt GmbH · Leipzig
Printed in Germany

Konzept: BirnsteinsBüro, Lutherstadt Wittenberg
Redaktion: Uwe Birnstein, Sonja Poppe
Foto Cover: Kolja Warnecke
Foto Autor: Uwe Birnstein
Foto Rückseite: Jürgen Blume/Investitions- und
Marketinggesellschaft Sachsen-Anhalt mbH
Cover: Hansisches Druck- und Verlagshaus GmbH ·
Frankfurt am Main, Anja Haß
Innengestaltung: Formenorm · Friederike Arndt, Leipzig
Druck und Binden: BELTZ Bad Langensalza GmbH

ISBN 978-3-96038-101-3
www.eva-leipzig.de

Inhalt

Da kommt man nach fünfhundert Jahren mal wieder in sein Haus zurück und kennt sich überhaupt nicht mehr aus. Kein Raum, der noch so ist, wie man ihn kannte – bis auf diesen hier. Ja, den erkenne ich wieder. Die Holztäfelung, ein Ofen, fast wie der zu meiner Zeit, und der alte Tisch. Hier werde ich mich setzen und etwas zur Ruhe kommen.

Gerade bin ich durch die Gassen und Straßen von Wittenberg gegangen und habe vieles gesehen, was mich verwundert. Die Menschen allerdings scheinen sich in diesem halben Jahrhundert kaum verändert zu haben.

Der alte Tisch hier, der hat sich auch nicht verändert. Ein bisschen abgewetzter ist er vielleicht. In den alten Ritzen kleben vermutlich noch ein paar Tropfen des Weines, den ich mit Lucas Cranach und anderen hier getrunken habe. Vielleicht auch ein paar Tropfen des guten Bieres, das Katharina mir braute und das ich mit den Studenten hier in großer Runde oft getrunken habe. Ja, und natürlich ein paar Tropfen Tinte. Hier habe ich nachgedacht und geschrieben, gegessen und getrunken, disputiert, mit der Faust auf den Tisch geschlagen und *diese Bretter liebkost mit meiner Hand. Und auf den Bänken an den Seiten saßen meine Freunde und viele Studenten, wenn wir uns abends nach dem Mahl zurückzogen.*

Wenn diese Holzbretter reden könnten, wüssten sie wohl so manches zu erzählen: Zum Beispiel, wie Katharina hereinkam und den Wein für die Gäste brachte. Dann setzte sie sich dazu und disputierte mit. Ja, Katharina hat das ganze Haus zusammengehalten, das will ich ihr hoch anrechnen.

Oft lauschten die Studenten meinen Reden nicht nur, sondern schrieben auch fleißig alles mit – ich konnte es ihnen kaum verwehren. Heute weiß ich: Sie gaben es hinterher sogar noch weiter, auch an die Drucker, die sich eine goldene Nase damit verdienten. Als ob es so wichtig wäre, was ich hier so alles von mir gab. Aber die Leute wollten sich eben ein Bild machen von diesem Reformator aus Wittenberg. Und manche malten sich dann genau das Bild von mir, das ihnen in den Kram passte. Für die einen bin ich bis heute ein Rebell, für die anderen ein Ketzer, Kirchenspalter oder ein Prophet, ja zeitweise machte man mich fast zu einem neuen Heiligen. Oft wurde mein Name in all den Jahrhunderten gebraucht oder missbraucht, wie es die Menschen gerade wollten.

Tja, was ist eigentlich aus mir geworden? Dabei war ich doch anfangs ein ganz normaler kleiner Bub – wie viele andere. Vielleicht wäre es nun an der Zeit, Euch zu erzählen, was mich in meinem Leben wirklich bewegt hat. Ihr würdet es heute in Euren Zeitungen mit den großen Buchstaben vielleicht so ausdrücken: »Luther. Jetzt rede ich!«

Martin Luther

Meine Kindheit

Vater und Mutter können an ihren Kindern das Himmelreich, aber auch die Hölle verdienen.

In die Wiege gelegt bekommen habe ich all das, was sich aus meinem Leben entwickelte, wahrlich nicht. Ein kleiner Bub wie alle anderen war ich. Am 10. November 1483 wurde ich in Eisleben geboren. Mein Vater hieß Johannes Luder, meine Mutter Margaretha. Unsere Vorfahren waren Bauern, mein Vater jedoch arbeitete später im Bergbau und wurde schließlich sogar Hüttenmeister. Hart haben beide Eltern gearbeitet, um mich und meine jüngeren Geschwister zu ernähren. Wenn ich an meine Mutter denke, sehe ich sie noch immer das Feuerholz auf ihrem Rücken zum Haus tragen.

Doch der Reihe nach: Schon einen Tag nach meiner Geburt brachte mich mein Vater zu unserem Pfarrer Bartholomäus Rennbrecher, um mich taufen zu lassen. Dass die Kinder so schnell getauft wurden, war üblich. Denn die Kindersterblichkeit war hoch zu meiner Zeit und die Menschen glaubten, dass nur getaufte Kinder, falls sie verstarben, in den Himmel kommen.

Ich erinnere mich noch, wie mein Vater mit uns einmal in meine Geburtsstadt Eisleben ging. Es war die größte Stadt der ganzen Grafschaft. Staunend ging ich durch die Gassen. Da war mehr Leben als im kleinen Mansfeld. Händler und Bauern boten ihre Waren feil, viele Menschen hasteten umher. Mein Vater zeigte mir das Haus an der Ecke, in dem ich geboren, und die Petrikirche, in der ich am 11. November, dem Tag des Heiligen Martinus, getauft wurde. Getauft zu sein hat mir manches Mal Kraft gegeben im Leben – auch Kraft zum Widerstand gegen gottloses Geschwätz. Was soll einem denn passieren, wenn man zu Jesus Christus gehört?

Bald nach meiner Geburt waren wir nach Mansfeld gezogen, wo mein Vater im Bergbau zu arbeiten begann. Langsam brachten wir es zu einem gewissen Wohlstand. Zwei Häuser an der Hauptstraße gehörten unserer Familie. Wir hungerten nie und manchmal kaufte Vater uns Kindern kleine Spielzeuge. Die Plackerei lohnte sich, mein Vater hatte Erfolg. Er stand sogar in engem Kontakt mit den Mansfelder Grafen und wurde zu einem angesehenen Mann in der Mansfelder Gesellschaft.

Auch ich sollte einmal meinen Teil zum Familienunternehmen beitragen. Er entschied, ich solle Jurist werden. Denn ein vertrauenswürdiger Compagnon, der Verträge prüfen, Schürfrechte verhandeln und gegebenenfalls auch Prozesse führen könnte, würde das Unternehmen sicher voranbringen.

Seine Prinzipien setzte mein Vater nicht selten mit der Rute durch. Einmal schlug er mich so hart, dass ich ihm Feind wurde und mir schwor, es selbst einmal besser zu machen. Auch meine Mutter war streng: Sie *schlug mich einmal um einer einzigen Nuss willen, dass das Blut hernach floss.*

Oft hatte ich das Gefühl, dass es nicht gerade gerecht zuging auf dieser Welt. Damals versuchte ich meist, mich vor den Schlägen in Sicherheit zu bringen, doch heute bin ich mir sicher, sie meinten es *herzlich gut* mit uns. Sie wollten uns Kinder wohl einfach gut auf das Leben mit all seinen Sorgen und Strapazen vorbereiten, mit denen sie selbst täglich zu kämpfen hatten: Mein Vater arbeitete Tag und Nacht an seinem Erfolg und meine Mutter brachte nach mir noch acht weitere Kinder zur Welt, von denen allerdings nur mein Bruder Jacob und meine Schwestern Margaretha, Elisabeth und Dorothea überlebten.

In der Schule ging es später ebenfalls hart her. Unser Schulhaus stand direkt neben der St. Georgen-Kirche, die gerade umgebaut wurde. So konnten meine Kameraden und ich in langweiligen Schulstunden beobachten, wie es voranging mit den Bauarbeiten. Mein *guter alter Freund Nikolaus Oemler* trug mich manchmal Huckepack zur Schule, als ich noch klein war.

Im Unterricht allerdings gab es nicht viel zu lachen. Auswendigpauken war angesagt und den Lehrer hatten wir als uneingeschränkte Autorität zu respektieren. Wenn er den Stock hob, schwieg die Klasse. Wir durften nur lateinisch sprechen – sprach jemand deutsch, setzte es Schläge. Also saßen wir da – Jungen ganz unterschiedlichen Alters – und paukten widerspruchslos, was man uns vorgab. *Grausam wie die Henker* waren die schlecht ausgebildeten Lehrer manchmal, sie führten sich wirklich wie *ungeschickte Tyrannen und Stockmeister* auf. Manchmal kam mir der Unterricht wie *Hölle und Fegefeuer* vor. Wer nicht parierte, bekam eine Eselsmaske aufgesetzt und musste allein auf der Eselsbank sitzen. Heute denke ich oft, es war diese strenge Zucht in Elternhaus und Schule, die mich in die *Möncherei* trieb.

Als ich dreizehn Jahre alt war, schickte mich mein Vater auf die Schule nach Magdeburg, es war Ostern 1497. Eine Weltstadt, so viele neue Eindrücke! Der Elbhafen war voller Kähne und Schiffe, die Waren aus aller Herren Länder brachten.

Auch hier lag die Schule neben der Kirche, dem Dom. Wir wurden von den »Brüdern vom gemeinsamen Leben« unterrichtet – Männer, die eine beeindruckende tiefe Frömmigkeit lebten. Zum ersten Mal in meinem Leben wurde ich hin und wieder gelobt, wenn ich gut lernte.

Doch bald schon änderte mein Vater seine Pläne wieder und entschied, dass ich auf die Schule nach Eisenach wechseln sollte. Ich weiß nicht, ob ihm die Schule dort besser gefiel oder ob es ihm in Magdeburg zu fromm zuging. Ich sollte ja schließlich Jurist werden und kein Theologe! Damals bemühte ich mich noch, meinem strengen Vater möglichst alles recht zu machen. Also ging ich 1498 nach Eisenach. Erst später wurde mir klar, dass ich mich irgendwann davon lösen und meinen eigenen Weg finden muss, auch wenn es ein anderer ist als der, den die Eltern vor Augen haben.

Die Schule in Eisenach, auf die mein Vater mich nun schickte, hatte einen hervorragenden Ruf. Die Söhne angesehener Männer drückten hier die Schulbank. Eisenach – auch das war wieder eine Umstellung – war von Hügeln umgeben, nicht wie Magdeburg von flachem Land. Und hoch über der Stadt thronte die Wartburg, die ich viele Jahre später von innen kennenlernen sollte.

Der Unterricht in Eisenach war tatsächlich gut. Es ging nicht mehr nur um stupides Auswendiglernen wie in Mansfeld und wir Schüler mussten keine Demütigungen mehr ertragen. Ganz im Gegenteil, die Lehrer zogen vor den Schülern sogar respektvoll den Hut, denn schließlich könne man ja nicht wissen, wen von uns Gott *zu einem*

Bürgermeister, Kanzler, Doktor oder Regenten bestimmt hatte.

Während dieser Zeit kam ich in den Familien angesehener Eisenacher Bürger unter. Das waren gebildete Leute – gebildeter als mein Vater und meine Mutter es sein konnten. Auch der Priester Johannes Braun gehörte zu meinen neuen Bekannten. Er weckte in mir die Freude am Musizieren. Bald schon zog ich zusammen mit einigen Schulkameraden als Kurrende-Knabe von Haus zu Haus. Viele Eisenacher hörten uns gern zu. Unter ihnen zum Beispiel Ursula Cotta, die mich daraufhin oft zu Tisch einlud und mir Manieren beibrachte – aber auch lustige Sprüche: »Es ist kein lieber Ding auf Erden denn Frauenliebe«, erklärte sie mir gar einmal.

1501 schloss ich die Schule in Eisenach ab. Nun sollte es zum Studium nach Erfurt gehen. Jura – so wie mein Vater es geplant hatte.

Studentenleben

Jugend ist wie ein Most. Der lässt sich nicht halten.
Er muss vergären und überlaufen.

Mein Vater war zufrieden, als ich im Frühjahr
1501 endlich mein Studium in Erfurt aufnahm. Er
hatte mich mit dem nötigen Geld ausgestattet und
losgeschickt. Ich fügte mich zunächst seinem
Plan, Jurist zu werden. Die Universität in Erfurt
genoss einen guten Ruf, auch die juristische Fakul-
tät. Im Vergleich zu ihr waren andere Universitäten nur »kleine Schützenschulen«. 17 Jahre alt war
ich damals und das Berufsleben schien mir noch
so weit entfernt. Als ich mich in Erfurt zum
Grundstudium immatrikulierte, war ich vor allem
gespannt auf die neue Stadt und das Studentenleben.

Erfurt war eine richtige Metropole. Die Menschen hier waren beweglich in ihren Ansichten
und Gedanken. Die Stadt galt als »thüringisches
Rom«, an die vierzig Kirchen und dreizehn Klöster fanden sich dort. Unterkunft fand ich in einem

Studentenheim, der Georgenburse. Wir Studenten nannten sie auch »Biertasche«, denn es ging dort oft feuchtfröhlich zu.

Wir Neuankömmlinge mussten erst die sogenannte »Deposition« über uns ergehen lassen, eine Art Aufnahmeritual: Man setzt mir eine Maske mit Eselsohren und Schweinszähnen auf – ein Sinnbild für den ungebildeten Menschen. Anschließend begoss man mich mit Wasser, seifte mich ein, trocknete mir das Haar und kämmte mich. Schließlich verabreichte man mir noch Salz und Wein, als Symbole für Weisheit und Ordnung. So »getauft« war ich bereit für die gesittete Welt der Bildung. Diese Prozedur musste jeder Student über sich ergehen lassen.

Das Lernen fiel mir recht leicht. 1502 erwarb ich den Grad des »Baccalaureus Artium«. Am 7. Januar 1505 schloss ich das anschließende Studium der Philosophie mit dem »Magister Artium« ab. Ich war der zweitbeste der siebzehn Prüflinge! Mein Vater war stolz und spendierte mir ein Fest mit Fackellauf und gutem Essen. Nun konnte die letzte Etappe beginnen: das Jurastudium, das ich nur *meinem Vater zuliebe* begann und vor dem es mir inzwischen immer mehr graute. Viel interessanter als das langweilige Studienfach fand ich allerdings das geistige und wissenschaftliche Klima an der Universität. Alte Lehren wurden hinterfragt, neue Ideen diskutiert – diese kritische Debatte begeisterte mich. Heute nennt Ihr diese Geistbewegung »Humanismus«.

Jura hingegen bereitete mir nicht wirklich Freude. Wir Studenten beschäftigten uns tagein, tagaus nur mit Dreckhändeln, Diebstählen *und dergleichen zeitlichen Dingen. Ein Jurist, der nicht mehr denn ein Jurist ist, ist ein arm Ding*, das wurde mir damals schon immer klarer. Außerdem hielt ich insgeheim Juristen für schlechte Christen, denn sie urteilten nach der weltlichen Gerechtigkeit, wo es doch eigentlich auf die Gerechtigkeit Gottes ankam.

In den Bursen und Kneipen der Stadt ließen meine Kameraden und ich es uns gutgehen. Das Bier floss in Strömen, es wurde gelacht, getanzt und gesungen und ich lernte das Lautenspiel. Meine Freunde nannten mich damals einen Frauenheld. Oft kam es auch zu Schlägereien. Das waren schon wilde Zeiten damals, und das ganze

»Fressen und Saufen« hielt mich bisweilen vom Studieren ab. Trotzdem lief es zunächst ganz gut mit dem Jurastudium. Schon einige Wochen später erlebte ich allerdings etwas, das mein bisheriges Leben aus den Angeln hob: Im Sommer 1505, es war wohl Ende Juni, besuchte ich meine Eltern in Mansfeld. Mein Vater war wahrlich stolz auf das, was ich ihm bereits vorzuweisen hatte. Er eröffnete mir, welch große Pläne er mit mir hatte. Ich sollte sein juristischer Berater beim Mansfelder Grafen werden. Auch ein Weib hatte er schon im Blick, das ich nach meinem Studium heiraten sollte. Doch je mehr er davon erzählte, desto klarer wurde mir: Ein solches Leben hatte ich mir eigentlich nicht vorgestellt.

Als ich am 2. Juli 1505 auf dem Rückweg nach Erfurt war, grübelte ich, was ich tun könnte, um den Plänen meines Vaters zu entkommen. Was hatte Gott mit mir vor? Und dann, kurz vor dem kleinen Örtchen Stotternheim, plötzlich dieses Gewitter. Wo sollte ich hier nur Schutz finden? Überall zuckten Blitze, der Donner grollte und mich packte Todesangst. Ich wollte dieses Unwetter nur noch heil überstehen. Ein Blitz schlug dicht neben mir auf dem freien Feld ein. »Hilf, du Anna, ich will ein Mönch werden!«, rief ich verzweifelt die Heilige Anna an. Ja, mich an Gott selbst zu wenden in meiner Not, das wäre mir damals noch nicht eingefallen.

Das Gewitter zog vorbei – und ich stand im Wort, hatte ja ein Gelübde abgelegt, das ich nicht mehr vergessen konnte. Leicht hätte ich mein Versprechen widerrufen können, denn in solcher Not abgegebene Gelübde waren nicht bindend. Doch ich spürte, dass da auf dem Feld bei Stotternheim etwas aus mir herausgebrochen war, was ich ernst nehmen sollte. Den ganzen Rückweg nach Erfurt beschäftigte mich dieses Erlebnis. Wollte ich wirklich ins Kloster gehen? War das der Weg, den Gott für mich vorgesehen hatte?

Man hatte uns gelehrt, die Kirche, und das glaubte auch ich zunächst fest, sei wie ein großes Schiff auf dem Meer mit Christus, beziehungsweise dem Papst als Kapitän, und den Kardinälen, Bischöfen, Priestern und auch Mönchen als Besatzung. Neben dem Schiff, mitten im Meer, schwammen die normalen Gläubigen. Die Schiffsbesatzung warf ihnen Seile zu, an die sie sich halten mussten, wenn sie überleben wollten. Nun wollte ich raus aus dem Wasser und hinauf auf dieses Schiff, um Gott näherzukommen. Heute weiß ich natürlich, dass dies eine falsche Vorstellung war, aber damals hat sie wohl zu meiner Entscheidung beigetragen.

Wieder in Erfurt angekommen stand mein Entschluss fest: Ich werde Mönch.

Einige Tage später, am 16. Juli, lud ich meine Freunde zum Abschiedsschmaus ein und teilte ihnen mit: Morgen trete ich ins Kloster ein. Sie dachten, ich treibe Spott mit ihnen. Doch als ich ihnen all meine Bücher schenkte, begriffen sie, dass es mir wirklich ernst war. Einigen fiel fast der Bierkrug aus der Hand. Unter Tränen versuchten sie, mich von meinem Vorhaben abzubringen, doch ich war mir sicher, das einzig Richtige zu tun und blieb dabei.

Gegen den ausdrücklichen Willen meines Vaters trat ich am nächsten Tag ins Kloster der Erfurter Augustiner-Eremiten ein. »Ich bin nicht gern und nicht aus Eifer ein Mönch geworden«, erklärte ich ihm später immer wieder. Doch er war von meinem Entschluss zutiefst enttäuscht und ließ mich das lange spüren. Wütend entzog er mir die *väterliche Treue* und warf mir vor, das Gebot, Vater und Mutter zu ehren, nicht zu beachten. Seine heftige Reaktion traf mich zutiefst.

Zwei Jahre später feierte ich meine erste Messe als Priester. Mein Vater kam, eskortiert von zwanzig Reitern – doch er war noch immer zornig auf mich, der ich doch eigentlich Jurist werden sollte! Eine Karriere als Anwalt oder gar Richter blieb mir erspart. Stattdessen übertrug man mir im Kloster schnell verantwortungsvolle Aufgaben. Schon 1508 stand ich in der Hierarchie gleich hinter dem Prior und zwei Doktoren.

Wittenberg und Rom

Die Freude ist der Doktorhut des Glaubens.

Ich hatte einen echten Neuanfang gewollt, als ich mich für das Leben im Kloster entschied. Deshalb beschloss ich auch, zu den strengen Augustiner-Eremiten zu gehen. Das laute ausschweifende Studentenleben lag nun hinter mir. Ich lebte in einer kleinen dunklen Klosterzelle, darin ein Strohsack und eine Decke. Sonst nichts.

Mönch wollte ich werden. Die Augustiner hatten mich als Novizen aufgenommen, wollten prüfen, ob ich es wirklich ernst meinte. Putzen, Fegen und andere Alltagsarbeiten, das gehörte zu den Tätigkeiten, die wir Novizen zu verrichten hatten, außerdem mussten wir stets mit geneigtem Haupt gehen, den Blick gen Boden gerichtet. So sollten wir Demut lernen. Ich war ein eifriger Novize und nahm es sehr genau mit den Regeln. Ich wollte Gott gefallen.

Und dann war da die wöchentliche Beichte, an der alle teilnahmen. Von Schuld und Sünde war viel die Rede im Kloster. Ich hatte große Angst vor der Strafe Gottes. Ich fühlte mich schuldig – ständig und über alle Maßen. Wie sollte ich junger Mann Gottes Ansprüchen bloß gerecht werden? Mein Herz *zitterte und zappelte* ständig vor Furcht und Schrecken. Bald reichte mir der eine wöchentliche Beichttermin nicht mehr aus.

Viel häufiger als vorgeschrieben suchte ich den Ordensoberen Johann von Staupitz auf, beichtete und bat um Vergebung. Staupitz ermahnte mich oft, ich solle doch nicht so übertreiben: »Du willst ohne Sünde sein und hast doch keine rechte Sünde«, kritisierte er mich und mahnte, ich solle nicht immer »mit solchem Humpelwerk und Puppensünden umgehen und aus jeder Kleinigkeit eine Sünde machen«. Ich wusste ja, er hat recht, und dennoch – Ängste und Selbstzweifel nagten unvermindert weiter an mir. Manchmal fühlte ich mich so unwürdig vor Gott, dass ich mich selbst geißelte und kasteite, um eine Ahnung von der gerechten Strafe für all meine Vergehen zu bekommen. Bisweilen fastete ich so streng, dass mein Körper kaum noch mitmachen wollte. Ich versuchte, Gott durch absoluten Gehorsam milde zu stimmen und merkte: Das funktioniert nicht. Gottes Ansprüchen kann ich nie genügen.

Staupitz machte sich Sorgen um mich, das merkte ich wohl. Mit der Zeit war er zu einem väterlichen Freund für mich geworden. Immer wieder versuchte er, mich zu beruhigen. »Gott zürnt nicht mit dir, sondern du mit Gott«, meinte er, und stellte fest: »Du willst kein wahrhaftiger Sünder sein, du willst gerecht sein *vor* der Vergebung!« Damit traf er den Nagel auf den Kopf. Trotzdem nahmen meine Selbstzweifel kein Ende. Am meisten grübelte ich darüber nach, ob Gott mich einst wohl annehmen würde, oder ob ich zur ewigen Verdammnis bestimmt sei.

Auch als ich 1507 Priester wurde und meine erste Messe las, suchten mich die Zweifel und Anfechtungen heim. Nun sollte ich plötzlich dafür verantwortlich sein, dass sich das Brot in den Leib Christi wandelte und der Wein in das heilige Blut des Herrn? Eigentlich wusste ich genau, was ich zu tun hatte. Doch dann kamen mir Zweifel. Was, wenn ich etwas falsch machte und alles schiefging? Es kam, wie es kommen musste – bei den Worten der Wandlung kam ich plötzlich ins Stocken, ich stotterte und begann zu zittern vor Angst, stürzte zu Boden und wollte im Grunde nur noch weglaufen. Die Ordensbrüder mussten mich stützen.

Da Staupitz mir in meiner Seelennot nun auch nicht mehr weiterhelfen konnte, empfahl er mir kurz darauf das Theologiestudium in Wittenberg. Er hoffte wohl, das Studium würde mich von meinen Seelenqualen befreien. Er selbst war der erste Dekan an der dortigen, erst sechs Jahre zuvor von Kurfürst Friedrich dem Weisen gegründeten Universität.

1508 zog ich also nach Wittenberg und nahm das neue Studium auf. Der Neuanfang machte mir zunächst Hoffnung. Doch dann sah ich dieses Städtlein wie eine *Schindleiche* daliegen. Kam man in die Stadt hinein, war man mit dem nächsten Schritt fast schon wieder draußen in der totalen Barbarei. Immerhin gab es das kurfürstliche Schloss, das recht prächtig aufragte. Dazu eine mächtige Allerheiligenstiftskirche. Sie diente auch als Kirche der Universität und war als eben diese gerade geweiht worden. Ein mächtiger Bau, von dem es hieß, dass Kurfürst Friedrich hier eine der größten Reliquiensammlungen der Zeit zusammengestellt hatte.

Die Universität lockte viele Menschen aus verschiedensten Ländern in die kleine Stadt mit ihren zweitausend Einwohnern. Schnell fand ich neue Freunde, traf mich mit ihnen in Gesprächszirkeln, plauderte, trank und aß mit ihnen zusammen. Und natürlich diskutierten wir auch über die Gedanken des Humanismus. Ich selbst beschäftigte mich vor allem mit der Bibel und lernte sie immer besser kennen und schätzen. Schließlich unterrichtete ich selbst Bibelwissenschaften und wurde Professor an der Wittenberger Universität.

Zuvor hatte Johann von Staupitz aber noch eine ganz andere Aufgabe für mich. Gemeinsam mit einem Gefährten sollte ich 1510 nach Rom reisen, um einen Konflikt, der im Augustinerorden ausgebrochen war, zu klären. Es ging um die Frage, wie streng die Ordensregeln künftig eingehalten werden sollten. Tausendfünfhundert Kilometer Fußmarsch lagen vor uns. Zwei Monate Wanderung, jeden Tag fünfundzwanzig Kilometer. Wir reisten über Nürnberg, Ulm und Lindau nach Chur, dann am Comer See entlang über einen Pass nach Mailand, Florenz, Siena.

Während der Reise erkrankte ich und muss sagen: Die Hospitäler in Italien kann man nur loben. Essen und Trinken waren gut, die Ärzte bestens ausgebildet, Betten und Kleidung ausgesprochen sauber. Als ich endlich Rom in der Ferne auftauchen sah, kniete ich nieder und betete: *Sei gegrüßt, heiliges Rom, wahrhaftig heilig durch die heiligen Märtyrer, von deren Blut es trieft!* Damals hatte ich ja noch keine Ahnung, von welcher Korruptheit und Prunksucht diese Stadt durchdrungen war.

Wir kamen im Kloster Santa Maria del Popolo unter. Neben den Geschäften, die für den Orden zu erledigen waren, besuchte ich zusammen mit einer Pilgergruppe auch die sieben Hauptkirchen Roms. Zum Schluss nahm ich an einer der Messen im Petersdom teil. Papst Julius II. traf ich nicht; die Pracht seiner Residenz allerdings machte mich sprachlos.

Ich hatte mir so sehr gewünscht, in dieser Heiligen Stadt endlich meine Ängste und Selbstzweifel loszuwerden. Ich las Seelenmessen, legte eine

Generalbeichte ab und rutschte auf Knien die vermeintlich heilige Pilatustreppe der Laterankirche hoch, die Engel von Jerusalem nach Rom gebracht haben sollen. Auf jeder der achtundzwanzig Stufen betete ich ein Vaterunser, *denn es war die Meinung, wer so betete, würde seine Seele erlösen.* Rom schien mir damals voll von Wundern und Möglichkeiten, Ablass zu bekommen, also die Befreiung von Sündenstrafen. Doch all mein Beten und Hoffen führte auch in Rom nicht weiter.

Nicht einmal hier verließ mich die Angst vor Gottes Strafe für meine Verfehlungen. Im Gegenteil: In den vier Wochen, die ich dort verbrachte, wurden mir die kirchlichen Angebote für Gläubige immer obskurer. Es irritierte mich sehr, wie gefühllos und hektisch die römischen Priester sich verhielten. Sie schienen mir ungebildet und unkonzentriert zu sein und sie leierten ihre Messen nur herunter, als gingen sie gar nicht mit dem Heiligen Sakrament um. Oh, welche Ehrfurcht mich ergriffen hatte, als ich meine erste Messe las! Hier hingegen wurde einfach nur versucht, es schnell hinter sich zu bringen.

Ach, ich hoffe, dass in der heutigen Kirche nicht zu viele Menschen die Gottesdienste nur hinter sich bringen. Mit dem Herzen müssen wir einen Gottesdienst feiern, dann strahlt auch etwas auf die Gläubigen aus. Wo man nur seine Schuldigkeit tut, da wird es jeder Gläubige merken und seinen Zweifel an der Kirche haben.

Wieder zurück in Wittenberg, hatte Johann von Staupitz schon wieder Neues mit mir vor. Ich sollte promovieren und Doktor der Theologie werden. Außerdem wurde mir die Aufsicht über zwölf Klöster übertragen. Damit ich all diesen Aufgaben nachkommen konnte, stellte man mir ein Arbeitszimmer im Turm des Wittenberger Klosters zur Verfügung. Dort lernte ich auch für die Prüfung. Am 18. Oktober 1512 erhielt ich die Doktorwürde. Dafür musste ich nicht, wie ihr heute, eine Doktorarbeit schreiben, sondern ich wurde in einer zweitätigen Disputation auf Herz und Nieren geprüft.

Von nun an durfte ich als Professor lehren. Noch dazu war ich »geschworener Doktor der Theologie«, das war mir in den folgenden Auseinandersetzungen eine große Hilfe. Gegen den Erlass der Gebühren für die Doktorwürde verpflichtete ich mich, lebenslang Bibelvorlesungen zu halten. Nun gehörte es zu meinen täglichen Aufgaben, die Heilige Schrift zu lesen, sie auszulegen und darin nach dem Willen Gottes zu forschen.

Es begann eine arbeitsreiche Zeit. Zwei Schreiber hätte ich beschäftigen können und ich tat *fast nichts am Tage als Briefe abfassen.* Ich war *Klosterprediger, Vorsteher bei Tische,* wurde *täglich in die Pfarrkirche gerufen zum Predigen,* war zudem *Studienaufseher, Vikar, was so viel heißt, wie Prior, über zwölf Klöster, Kontrolleur unserer Fischteiche bei Litzkau,* außerdem las ich über Paulus und sammelte Material über die Psalmen.

Den Studenten schienen meine Vorlesungen zu gefallen, sie wurden rege besucht und anschließend diskutierten wir über die Inhalte.

Bei der Auslegung der Schriften des Apostels Paulus machte ich dann eine für mich lebensverändernde Entdeckung. »Der Gerechte wird aus Glauben leben«, stand da im Römerbrief. Wie oft hatte ich diesen Satz schön gehört – und er quälte mich, denn er schien mir auf den Punkt zu bringen, was mich am meisten ängstigte. Diesen *gerechten, Sünde strafenden Gott konnte ich nicht lieben. Ja, ich hasste ihn, und wenn ich ihn auch nicht offen fluchte, knirschte ich doch voller Zorn und fragte mich empört: Es ist schlimm genug, dass die elenden Sünder durch die Zehn Gebote so geplagt und unter Druck sind. Muss Gott die Qual auch noch durch Quälereien vermehren? Muss er uns auch noch durch das Evangelium mit seiner Gerechtigkeit und seinem Zorn bedrohen? Tag und Nacht dachte ich über den Textzusammenhang nach: ›Die Gerechtigkeit Gottes wird im Evangelium offenbar, wie geschrieben steht: Der Gerechte wird aus Glauben leben.‹ Dann fing ich an zu verstehen: Es ist eine Gerechtigkeit gemeint, durch die uns Gott aus Mitgefühl gerecht macht und durch den Glauben! Da fühlte ich mich völlig neugeboren, mir war eine Tür aufgetan, ich hatte das Paradies betreten!* Das Paradies, in dem keine Angst mehr herrschte.

Meine 95 Thesen

Das ganze Leben soll unaufhörliche Buße sein.

Dass der 31. Oktober 1517 einmal in die Weltgeschichte eingehen würde, habe ich nicht gedacht, als ich meine Thesen verfasste. Wie auch? Nur, weil ein Provinz-Professor sich aufregt über die Ablassprediger der Kirche, die damals durch die Lande zogen und den Menschen versprachen, sich gegen Geld von Sündenstrafen freikaufen und die Zeit im Fegefeuer verkürzen zu können? Meine Erkenntnisse beim Lesen des Römerbriefes hatten mich überzeugt: Die kirchliche Lehre über den Ablass entsprach nicht der biblischen Botschaft. Meine Kritikpunkte fasste ich 95 Thesen zusammen und schickte sie an Erzbischof Albrecht von Mainz, der für das Ablasswesen verantwortlich war, und an andere Theologenkollegen. Ich wollte, dass man endlich über den Widerspruch der Ablasslehre zur Bibel diskutierte. Was aus meinen Thesen schließlich entstand, habe ich damals selbst nicht geahnt.

Ob ich die Thesen auch an die Wittenberger Schlosskirchentür hämmerte, wie Ihr es heute erzählt? Darüber lasse ich Euch gerne weiter spekulieren ...

Aber im Ernst, mir ging es damals zunächst nicht um spektakuläre Aktionen oder gar die Spaltung der Kirche. Ich wollte die Menschen einfach nur zum Nachdenken und zum Gedankenaustausch anregen. Ich war Prediger an St. Marien und kannte meine Schäfchen hier in Wittenberg. Und auf einmal kamen Bürger, die von Wittenberg bis nach Jüterbog ins brandenburgische Land gelaufen waren, um sich Ablassbriefe zu besorgen, die ich in dieser Form noch gar nicht kannte. Sie behaupteten, ein Ablassprediger namens Tetzel hätte ihnen versprochen, gegen Zahlung von Geld könnten sie ganz ohne lange Reue die Zeit im Fegefeuer verkürzen – für sich oder für bereits Verstorbene. Sie erzählten, Tetzel handle im Auftrag des Papstes. Auch einen eingängigen Werbespruch für seine Aktion hatte er sich einfallen lassen: »Sobald das Geld im Kasten klingt, die Seele in den Himmel springt.« Ungeheuerlich!

In der Bibel war von so etwas an keiner Stelle die Rede. Doch die Menschen glaubten Tetzel und gaben ihr letztes Geld, um sich oder ihre Verwandten vermeintlich freizukaufen. Dabei stand die Lehre über angebliche Fegefeuerstrafen ohnehin auf tönernen Füßen – auch davon ist in der Bibel nämlich nichts zu lesen. Und ich war überzeugt: Das alles hatte mit der Buße, von der Christus sprach, überhaupt nichts mehr zu tun.

Was diese Ablassprediger verkündeten, klang verlockend einfach: Jede Sünde bedeute Schuld und ziehe eine zeitliche Strafe nach sich. Selbst dem reuigen Sünder verbleibe nach der Beichte und Absolution ein Teil seiner Sünden, den er in dieser Welt oder nach seinem Tod im Fegefeuer zu verbüßen habe, um in den Himmel zu kommen. Die Kirche könne hier – bei entsprechender Bußleistung des Gläubigen – Nachlass gewähren aus dem »Kirchenschatz« der Verdienste Christi und der Heiligen. Auch Geldzahlungen seien da wirksam. Wer einen Ablassbrief kaufe, erhalte den Nachlass.

Sich so einfach von seinen Sündenstrafen loszukaufen – das hatte für mich mit Buße nichts zu tun. Durch die Ablasslehre der Kirche gelangten viele Gläubige zu dem Trugschluss, dass Buße, also Umkehr zu Gott, nicht mehr nötig sei, wenn man einen Ablassbrief besitze. Ich war überzeugt, die ganze Ablasstheorie müsse endlich mal überdacht werden.

Als unser Herr und Meister Jesus Christus sagte: »Tut Buße, denn das Himmelreich ist nahe herbeigekommen«, wollte er, dass das ganze Leben der Glaubenden Buße sei. Und mir war klar: Die Kirche ist machtloser, als sie vorgibt. Es liegt nicht in ihrer Macht, Sündenstrafen zu erlassen, schon gar nicht gegen Geld. *Lug und Trug predigen diejenigen, die sagen, die Seele erhebe sich aus dem Fegefeuer, sobald die Münze klingelnd in den Kasten fällt. Das ist gewiss: Fällt die Münze klingelnd in den Kasten, können Gewinn und Habgier zunehmen. Die Fürbitte der Kirche aber liegt allein in Gottes Ermessen.* Wer glaubt, sich gegen Geld *des Heils versichert zu haben,* wird wohl eher in Ewigkeit verdammt. Die Kirche leitete die Menschen mit der Ablasslehre in die Irre und verhinderte, dass sie in Gottesfurcht lebten und echte Reue empfanden.

Ich wollte eine öffentliche Diskussion unter Experten darüber in Gang bringen. Meiner Einladung dazu folgte zunächst jedoch niemand. Kaum jemand reagierte auf meine Thesen. Erst als sie im Dezember 1517 in Nürnberg, Leipzig und Basel gedruckt wurden und sich daraufhin in Windeseile in ganz Deutschland verbreiteten, gab es plötzlich Reaktionen. *Es war, als wären die Engel selbst Botenläufer und trügen's vor aller Menschen Augen.*

Die Bibel war für mich inzwischen zum Schlüssel meines Glaubens geworden. Gerne verglich ich sie mit einem *Kräutlein, je mehr du es reibst, desto mehr duftet es!* Ich erkannte, dass die Bibel ein wunderbares Buch ist, *voller Trost und Anfechtungen,* sie übertrifft in ihrer Kraft bei weitem alle Künste und Philosophen und Juristen. Die Heilige Schrift *lehrt von Glaube, Hoffnung, Liebe anderes, als es menschliche Vernunft sehen, fühlen, erfahren kann.*

Im Laufe der Zeit wurde die Bibel die einzige Richtschnur für mein Leben und der Maßstab zur Beurteilung der Kirche. Über Dinge wie Heiligenverehrung und Ablass war dort nichts zu lesen.

Wer an Gottes bedingungslose Liebe glaubt, führt ein seliges Leben. *Gott fürchten erfüllt alle Gebote*, da war ich mir nun sicher. Mit keiner Leistung kann man Gottes Liebe erzwingen. Auch nicht durch gute Werke. Wer aus dem Glauben lebt, wird vielmehr ganz selbstverständlich gute Werke vollbringen.

Jeder Mensch ist zugleich Gerechter und Sünder, simul iustus et peccator. Doch wer seine Sünden bereut und Buße tut, wird nicht an seinen Verfehlungen zerbrechen, sondern kann sich weiterhin der Liebe Gottes sicher sein.

Gott ganz verstehen – das werden wir nie. Ich bin überzeugt: *Wer Gott erkennen und ohne Gefahr von Gott spekulieren will, der schaue in die Krippe,* der *heb' unten an, und lerne erstlich erkennen der Jungfrau Maria Sohn, geboren zu Bethlehem, so der Mutter im Schoß liegt und säugt, oder am Kreuz hängt, darnach wird er fein lernen, wer Gott sei.*

Plötzlich prominent

Ein Christ soll wenig Wort und viel Tat machen.

Nachdem meine Thesen bekannt geworden waren, wurde ich plötzlich ein Mann der Öffentlichkeit. Jeder schien mich zu kennen, wildfremde Menschen suchten Kontakt zu mir. Ich bekam viel Zuspruch von Ordensleuten, von Studenten und meinen Wittenberger Freunden. Nur die Kirche – die war gar nicht erfreut über das, was sie da zu lesen und zu hören bekam. Der katholische Nuntius forderte, ich solle mich erklären. Im Oktober 1518 sollte ich nach Augsburg kommen. Kardinal Thomas Cajetan wollte mich dort sprechen.

Mir war klar, dass es gefährlich war, dieser Aufforderung Folge zu leisten, schließlich waren schon so viele kritische Männer als Irrgläubige festgenommen, verhört, gefoltert und hingerichtet worden. Dabei ging es meist gar nicht um inhaltliche Auseinandersetzungen, sondern um Macht. Auch mit meinen Thesen stellte ich den Machtanspruch der Kirche infrage, das wusste ich wohl.

Denn wenn vor Gott allein der Glaube gilt, wie ich inzwischen fest überzeugt war, stand auch der Einfluss der Kirche als Mittlerin zwischen Menschen und Gott auf dem Spiel. Dennoch entschied ich mich, nach Augsburg zu reisen – schließlich war ich mir sicher, dass meine Thesen Hand und Fuß hatten.

In Augsburg traf ich auf Kardinal Cajetan – ein gelehrter Mann, der in der Bibel Bescheid wusste. Endlich konnte ich meine Gedanken an höherer Stelle vortragen! Doch Cajetan argumentierte nur mit päpstlichen Stellungnahmen, völlig an meinen Hinweisen auf die Bibel als zentraler Quelle des Glaubens vorbei. Für Cajetan stand noch immer der Papst über den Konzilien, über der Schrift, ja über der Kirche. Ich dagegen war mir sicher, es ist die Bibel, die an erster Stelle und selbstverständlich auch über dem Papst steht. Das einzige, was Cajetan von mir erwartete, war, dass ich meine Thesen widerrief. Man kann versuchen, Ihr seht es, mit den Mächtigen sachlich zu diskutieren, man kann es versuchen, sie sind nicht dumm. Aber wenn es um ihre Macht geht, dann berufen sie sich einfach auf die bestehenden Verhältnisse oder auf Papstbeschlüsse, das sei Autorität genug. Ich aber sage Euch: Nein, das ist nicht genug! Der gesunde Menschenverstand und die eigentliche Grundlage der Kirche, die Bibel, sind das, wonach wir uns richten müssen. Aber Verständnis dafür war von Cajetan augenscheinlich nicht zu erwarten. Wie sagte er: »Geh und komm mir nicht mehr unter die Augen, wenn du nicht widerrufen willst!«

Wir kamen zu keinem Ergebnis. Ich appellierte noch einmal an den Papst, tat kund, dass ich die bisherigen Richter für befangen und sachunkundig hielt und bat um ein neues Verfahren. Da der Verhaftungsbefehl gegen mich noch nicht aufgehoben war, floh ich am 20. Oktober mithilfe von Freunden aus Augsburg und kehrte wohlbehalten nach Wittenberg zurück. Nun waren meine Thesen also doch überall in der Diskussion. Immerhin, das hatte ich erreicht.

Dann lud man mich zu einer Disputation nach Leipzig ein. Mit meinem einstigen Doktorvater Andreas Karlstadt, mit dem ich damals noch befreundet war, reiste ich im Juni 1519 dorthin, um mit dem papsttreuen Ingolstädter Theologie-

professor Johannes Eck über meine Thesen zu diskutieren. Hier wurde es nun grundsätzlich. Über
eine Wochen lang stritten wir miteinander. Dr.
Eck setzte sich zunächst nach allen Regeln einer
Disputation mit uns auseinander. Auch Herzog
Georg von Leipzig, auf dessen Pleißenburg wir
zusammenkamen, war Zeuge des Meinungs-
streits.

Zunächst ging es um die Frage nach dem
freien Willen, dann um die Autorität des Papstes,
der Konzilien und der Kirche, die ich natürlich
anzweifelte. Erst diskutierte Eck mit Karlstadt,
danach kam ich an die Reihe. Johannes Eck war
ein brillanter Disputator, das muss man ihm lassen. Trotzdem konnte ich in ihm später nur noch
einen Dr. Dr-eck sehen. Er stellte mir eine Falle:
»Martinus, du behauptest allen Ernstes, der Papst
und die Konzilien könnten irren, bleibst du
dabei?«, fragte er hinterhältig. Ich antwortete ihm,
dass Menschen auf Erden natürlich irren können
und dass man daher in Glaubensdingen nur der
Heiligen Schrift trauen sollte. Es war doch offen-
sichtlich, dass die einen Päpste jenes und andere
nach ihnen das Gegenteil beschlossen hatten.

Kaum hatte ich das ausgesprochen, konterte Eck: »Dies alles hat auch Jan Hus behauptet.« Stille im Saal, das könnt Ihr Euch denken, jeder wusste, dass Jan Hus fast einhundert Jahre zuvor auf dem Konzil in Konstanz als Ketzer verurteilt und verbrannt worden war. Aber was hatte ich zu verlieren? »Wenn Hus das Gleiche gesagt hat, dann hatte er darin recht«, antwortete ich. Da glaubte Eck, mich gefangen zu haben. Wenn ich Hus zustimme, sei wohl auch ich ein Ketzer, meinte er. Ich blieb dennoch bei meinem Standpunkt: Letzte Norm in Bezug auf die Lehre und Ordnung der Kirche seien für mich weder der Papst noch die Konzilien, sondern allein die Heilige Schrift – sola scriptura!

Nach dem Ende der Disputation bezogen die Leipziger Theologen und die Universitäten von Köln und Löwen schnell Stellung gegen mich. Viele Humanisten dagegen unterstützten mich.

Der Kirche gefiel der ganze Aufruhr um meine Thesen überhaupt nicht. Da von offizieller Seite niemand bereit war, sich vernünftig mit meinen Gedanken auseinanderzusetzen, legte ich nach. Gegen die althergebrachte Sonderstellung des geistlichen Standes in der Kirche setzte ich meine These vom allgemeinen Priestertum aller Gläubigen. Ich erklärte, dass alle Christen von Gott zur Bibelauslegung befähigt worden seien und somit auch zur Reform der Kirche. Wenn Papst und Bischöfe versagten, sah ich es als Aufgabe der weltlichen Stände, einzugreifen. Deshalb rief ich den Adel, also Laien, auf, die Umgestaltung der Kirche in die Hand zu nehmen. Außerdem wurde mir immer klarer: Jeder Einzelne dient in seinem Beruf Gott genauso gut wie jemand, der als Pfarrer arbeitet. Die Priester sollten also nicht länger als etwas Besseres angesehen werden.

Meine Gegner wurden immer zorniger. Johannes Eck reiste zum Papst, um die Fertigstellung einer Bannandrohungsbulle gegen mich zu betreiben. Er erreichte, dass all meine Schriften als Ketzerwerk öffentlich verbrannt werden sollten. Einundvierzig Sätze aus meinen Schriften wurden als häretisch und ärgerniserregend bezeichnet.

Im Juni 1520 unterzeichnete Papst Leo X. die Bannandrohungsbulle und beschwor mich und meine Freunde noch einmal, in den Schoß der

Kirche zurückzukehren. Innerhalb von sechzig Tagen sollte ich widerrufen, was ich gepredigt und geschrieben hatte, andernfalls würde ich als verurteilter Ketzer gelten. Ich, da ich doch nur predigte, was in der Heiligen Schrift stand – lächerlich diese Bannandrohungsbulle!

Sofort nahm ich die Feder und verfasste eine Gegenschrift. Der Papst sollte die Bulle zurücknehmen, schließlich war er im Unrecht, nicht ich, da musste man doch nur mal in die Bibel blicken! Ich »exkommunizierte« ihn also meinerseits – Christus würde schon zeigen, welche Exkommunikation Gültigkeit hatte. Lange bemühte ich mich, den Papst zu überzeugen, schrieb ihm Briefe. »An den besser zu unterrichtenden Papst in Rom«. Dabei war er, so schien es, wohl unterrichtet und wendete sich trotzdem gegen die Heilige Schrift. Vielleicht war es ja der Leibhaftige selbst, der da auf dem Stuhle Petri saß!

Vielerorts sammelte man nun meine Schriften und verbrannte sie öffentlich auf den Marktplätzen. Ihr könnt Euch denken, was sie am liebsten mit mir gemacht hätten! Ich wollte ihnen auf die gleiche Weise antworten. Ich schnappte mir einen

Druck der Bulle und einige Bücher des kanonischen Rechts und zog damit vor die Tore der Stadt an die Stelle, an der man die Kleider der Pestkranken verbrannte. Dort fraßen nun die Flammen das lächerliche Schreiben aus Rom – und mit ihm gingen einige Bücher in Flammen auf, die bibelwidrig behaupteten, der Papst könne selbst dann nicht abgesetzt werden, wenn er das Volk zum Teufel führte. Zuvor hatten Philipp Melanchthon und ich zu dieser Demonstration regelrecht aufgerufen. Viele Studenten schauten der Verbrennung zu.

Der am 3. Januar 1521 über mich verhängte Bann half nichts: Die evangelische Bewegung setzte sich immer weiter durch. Die Unruhen, die sich von Wittenberg aus in viele Regionen ausbreiteten, drohten sogar die Einheit des Reiches zu zerstören. Das beunruhigte bald auch Kaiser Karl V. Ihm ging es dabei aber gar nicht vorrangig um Glaubensfragen oder innerkirchliche Streitigkeiten. Dass sich die Fürsten über theologische Fragen entzweiten und die militärische Schlagkraft des Reiches schwächen könnten, war seine größte Angst. Deswegen wollte auch er mich nun dazu bewegen, meine Lehren zu widerrufen. Doch unser sächsischer Kurfürst Friedrich der Weise setzte sich für mich ein. Die Einwände eines Doktors der Theologie müssten angehört und diskutiert werden, forderte er. Also wurde ich auf den Reichstag nach Worms eingeladen. Auch ich hoffte damals noch, den Kaiser überzeugen zu können. Karl V. sicherte mir freies Geleit nach Worms zu.

Auf meiner Reise predigte ich an vielen Orten und erfuhr viel Zuspruch. Und als wir nach Worms einfuhren, empfingen uns jubelnde Menschen – ganz sicher zum Missfallen der Papisten. Ja, und dann wurde ich vorgeladen, nun kam die große Stunde. Ein relativ niedriger Saal, stickig, weil viele Menschen hineindrängten, um zu sehen, was nun geschehen würde.

Am 17. April stand ich also dort und sollte mich verteidigen. Leider ging es mir schon die Tage vorher gar nicht gut. Ich fühlte mich matt und unsicher und wusste nicht recht, wie ich mich vor den hohen Herrschaften benehmen sollte. Auf einem großen Tisch waren all meine Schriften ausgelegt. Ob ich sie als meine anerkenne und weiter zu ihrem Inhalt stehe, wurde ich gefragt. Ich bestätigte kurz. Widerrufst du dies alles, da es gegen den heiligen Papst und die heilige Kirche ist? Ich zögerte. Noch einmal fragte man mich, ob ich widerrufen wolle, was ich da geschrieben hätte. Sollte ich mich denn gar nicht ausführlich erklären dürfen? Ich fühlte mich elend und nicht in der Lage, vernünftig zu reagieren. Ich bat um Bedenkzeit. Man wechselte Blicke, ein kurzes Nicken des Kaisers. Ja, sie wurde mir gewährt. Am nächsten Tag sollte ich wieder vor den Kaiser treten, dann allerdings mit einer klaren Antwort.

Zum Glück ging es mir an diesem Tag wieder besser. Wieder forderte man mich, ohne mir Zeit für lange Erklärungen zu geben, auf zu widerrufen. Ich trat vor und sagte, was ich zu sagen hatte: *»Wenn ich nicht überwunden werde durch die Zeugnisse der Schrift oder mit klaren Vernunftgründen, so bleibe ich von den Schriftstellen besiegt, die ich angeführt habe, und mein Gewissen ist im Wort Gottes gefangen. Denn ich glaube weder dem Papst noch den Konzilien allein, weil feststeht, dass sie oft geirrt und sich selbst widersprochen haben. Widerrufen kann und will ich* *nichts, weil es weder gefahrlos noch heilsam ist, gegen das Gewissen zu handeln. Gott helfe mir. Amen.«*

Jetzt war es geschehen, Stille im Saal. Ich wusste nicht, ob ich gehen dufte, aber ich wendete mich um, verbeugte mich noch einmal und ging. Ich wusste, ich bin durch, sollte nun geschehen, was wolle.

Kaum in meiner Unterkunft angekommen, bedeutete man mir, sofort abzureisen, um mein Leben zu retten. Hatte ich nicht freies Geleit bekommen? Das hatte allerdings auch Jan Hus, schoss es mir durch den Kopf. Freies Geleit zum Konzil nach Konstanz und hinterher freies Geleit zum Scheiterhaufen. Ich packte also sofort meine Sachen.

Der Kaiser distanzierte sich in den folgenden Tagen von mir und der evangelischen Bewegung. Es sei »sicher, dass ein einzelner Bruder irrt, wenn er gegen die Meinung der ganzen Christenheit steht, da sonst die Christenheit tausend Jahre geirrt haben müsste«, behauptete er und verkündete, er sei nun gewillt, gegen mich »als notorischen Häretiker einzuschreiten.«

Einen Monat später, am 26. Mai 1521, unterschrieb er das Wormser Edikt, das mich als »Ketzer« unter Reichsacht stellte. Meine Schriften seien zu verbrennen oder zu vernichten, keinesfalls aber neu zu drucken, zu kaufen oder zu verkaufen.

So schaute ich dem Volk aufs Maul

Wer im Text der Bibel wohlgegründet ist,
der ist ein Doktor.

Als das Edikt erschien, war ich allerdings bereits in Sicherheit. Ich war in Worms abgereist, aber in Wittenberg nicht angekommen. Viele dachten, ich sei von meinen Gegnern ermordet worden. Doch dem war natürlich nicht so. Friedrich der Weise hatte mich zum Schein überfallen lassen und auf der Wartburg bei Eisenach untergebracht, wo ich die nächste Zeit inkognito als »Junker Jörg« lebte.

Nun saß ich dort hoch über Eisenach. Diese vielen Wochen der Ungewissheit – ich wusste nicht, wann mein Burgaufenthalt enden würde und wann ich endlich wieder unter Menschen käme. Jetzt war ich wirklich allein. Ich hätte mit den Wänden reden können. Und dann die Nächte! Nicht nur bei Sturm knackte es im Gebälk – und dann kamen sie, die Geschöpfe der Nacht. Und wenn du dann schweißgebadet aufwachst und es raschelt und es flattert, dann wirfst du alles, was du finden kannst, und wenn es ein Tintenfass ist, nach diesen Kreaturen der Unterwelt.

Aber auch auf andere Weise begann ich, mit Tinte und Federkiel zu kämpfen. Das waren meine Waffen gegen all jene, die mir an den Kragen wollten. Ich schrieb unzählige Briefe nach Wittenberg. Und ich hatte Zeit für eine große Aufgabe: Ich wollte die Bibel ins Deutsche übersetzen, damit endlich jeder versteht konnte, worum es beim Glauben wirklich ging. Ich wollte beweisen: Die deutsche Sprache ist keineswegs zu arm, um die höchsten Gedankengänge der christlichen Religion ausdrücken zu können!

Elf Wochen arbeitete ich an der Übersetzung. Mein Ziel: Auch *die Mutter im Hause, die Kinder auf der Gasse, der einfache Mann auf dem Markt* sollen die Bibel verstehen können. Also nahm ich mir vor, ihnen *aufs Maul zu sehen, wie sie reden, und danach übersetzen; so verstehen sie es denn und merken, dass man Deutsch mit ihnen redet.*

Konnte ich für meine Übersetzung nirgends passende Wörter finden, erfand ich kurzerhand neue. Begriffe wie »lichterloh«, »wetterwendisch«, »Lockvogel«, »Menschenfischer«, »plappern« oder

»für immer und ewig« sind nur einige Beispiele dafür. Ich wollte jedoch nicht nur eine verständliche Übersetzung schaffen – die Texte sollten auch ansprechend klingen und leicht im Gedächtnis bleiben. Manchmal rang ich tagelang um einzelne Worte und die beste Formulierung. Wie etwa in dem bekannten Satz aus der Weihnachtsgeschichte, den Ihr so mögt: »Ihr werdet finden das Kind in Windeln gewickelt und in einer Krippe liegen« (Lukas 2,12).

Wir sind zum Gespräch geboren, sagte mein Freund Philipp Melanchton, und das heißt, dass wir die Sprache in ihrer Vielfalt auch gebrauchen sollen. Aber was sehe ich heute bei Euch? Ihr werft euch nur noch Wortfetzen und Abkürzungen zu und seid stolz darauf. Wir verarmen, wenn wir unsere Sprache nicht voll nutzen.

1522 erschien das Neue Testament in Deutsch und wurde, den Buchdruckern sie Dank, ein Bestseller. Doch das reichte mir noch nicht. Zwölf Jahre arbeitete ich mit meinen Freunden auch an der Übersetzung es Alten Testamentes, so dass 1534 die ganze Heilige Schrift in Deutsch vorlag.

Die beste aller Ehefrauen

Gott hat über den Ehestand ein Kreuz
gemacht und wacht auch über ihn.

Meine Freunde waren es auch, die mich nun immer öfter drängten, ich solle mir doch endlich eine Frau nehmen. Einundvierzig Jahre war ich inzwischen alt und seit ich mich entschieden hatte, Mönch zu werden, hatte ich mich von den Frauen ferngehalten. Nicht, dass ich mich nicht für sie interessierte! In meiner Jugend, als Student, hatte ich schon einige Frauen kennengelernt. Nun aber war mein Interesse eher gering. Ich hatte ja wahrlich genug anderes zu tun. Alle Welt zerrte an mir herum; Briefe, Predigten, Vorlesungen waren zu schreiben und vorzubereiten, wie sollte ich mich da noch um eine Frau kümmern können?!

Theologisch sprach eigentlich nichts gegen das Heiraten. Ich war überzeugt, dass Gott die Ehe aus ganz praktischen Gründen als *weltlich Ding* eingesetzt hat, denn *sonst sorgten die Älteren für die Kinder nicht, die Haushaltung läge darnieder und zerfiele; darnach würde auch der Polizei und des weltlichen Regiments, desgleichen die Religion nicht geachtet. Also ginge es alles dahin und würde ein Wüstwildwesen in der Welt.* Außerdem werden in der Ehe Kinder gezeugt und das ist mehr als ein Gebot: Kinder in die Welt zu setzen ist *ein göttliches Werk,* das sich der menschlichen Willkür entzieht, ebenso wie der Trieb zum Geschlechtsverkehr. »Seid fruchtbar und mehret euch«, war schließlich auch Gottes Auftrag an die Menschen gewesen. Deshalb riet ich meinen Bekannten und Freunden durchaus zur Ehe.

Und trotzdem: Mein eigener Sinn stand einfach nicht nach der Ehe. Die ganze Arbeit, die Anfechtungen und Krankheiten, die mich immer wieder heimsuchten, ließen mir doch überhaupt keine Zeit für Liebschaften. Und dann hatte ich ja auch *täglich den Tod und die verdiente Ketzerstrafe vor Augen,* das alles wollte ich keiner Frau zumuten.

Dann aber kam es ganz anders. In einem Zisterzienserinnenkloster in Nimbschen mussten meine Schriften wohl auch gelesen worden sein. Einige der Nonnen wandten sich an mich und baten mich um Rat, wie sie das Klosterleben hinter sich lassen könnten. Ich schickte ihnen jemanden, der ihnen bei der Flucht half. Neun von ihnen brachte ich bei Freunden in Wittenberg unter – nicht jeder war begeistert davon. Doch bei meinen Freunden waren sie erst einmal sicher und wir bemühten uns, schnell einen Mann für jede von ihnen zu finden, damit sie versorgt wären.

Unter den Nonnen, die aus dem Zisterzienserkloster in Nimbschen geflohen waren, war auch Katharina von Bora. Sie wohnte eine Zeit lang bei meinem Freund Lucas Cranach, dem Maler. Während ihre Mitschwestern in Wittenberg schnell Partner fanden und heirateten, war es bei Katharina komplizierter. Sie war ziemlich anspruchsvoll und wollte sich auf kaum jemanden einlassen. Ich selbst hatte sie *dazumal nicht lieb, denn ich hielt sie verdächtig, als wäre sie stolz und hoffärtig.*

Als sich aber kein anderer Mann für sie finden ließ, entschied ich mich schließlich, sie zu heiraten, wohl wissend, dass sie auf mich schon ein Auge geworfen hatte. Schließlich musste ja auch sie irgendwie versorgt sein und *Gott gefiel es also wohl, der wollte, dass ich mich ihrer erbarme. Und ist mir gottlob, wohl geraten.* Die Hochzeitspläne hielt ich geheim, sogar vor meinen engsten Freunden. Denn *wenn ich nicht in aller Heimlichkeit die Heirat vollzogen hätte, hätte mich jeder davon abgehalten. ›Nur nicht die, sondern eine andere‹, so hätten mir alle geraten.*

Wir heirateten am 13. Juni 1525 im kleinsten Kreis. Johannes Bugenhagen segnete uns. Erst zwei Wochen später folgten der Kirchgang und eine Feier mit Freunden. Philipp Melanchthon war ziemlich verstimmt, als er von der heimlichen Eheschließung erfuhr, er mutmaßte, die Nonnen hätten mich umgarnt und verwirrt. Dennoch wünschte er mir, der Ehestand solle mich würdevoller machen. Andere unterstellten mir, ich hätte schon vor der Eheschließung eine Affäre mit Käthe gehabt. So ein Unsinn. Ja, gekümmert habe ich mich um Katharina wie um die anderen auch. Aber wir hatten keine Affäre, bevor wir heirateten.

Katharina krempelte mein Leben ganz schön um. Viele Jahre hatte ich als Junggeselle gelebt und mir über den Haushalt keine Gedanken gemacht. Das nahm Katharina nun in die Hand. Das Erste, was sie tat, als sie bemerkte, dass ich mein

Bettstroh ewig nicht gewechselt hatte: Sie tauschte den schon halbverfaulten Strohsack gegen einen neuen aus.

Wir lebten zusammen im ehemaligen Wittenberger Augustinerkloster. *Im ersten Jahr des Ehestandes hat einer seltsame Gedanken,* das muss ich wirklich sagen. *Wenn er über Tisch sitzt, so gedenkt er: Vorhin warst du allein, nun aber bist du zu zweit; im Bette, wenn er erwacht, sieht er ein paar Zöpfe neben ihm liegen, die er vorhin nicht sah.* Aber trotz meiner anfänglichen Skepsis habe ich es nie bereut, Käthe geheiratet zu haben. Ich hätte es nicht besser treffen können. *Ich habe ein fromm, getreu Weib, auf welches sich das Mannes Herz verlassen darf.* Ihre tatkräftigen Art gefiel mir immer besser. Oft nannte ich sie deshalb spaßeshalber »Herr Käthe«.

Ich merkte immer deutlicher, wie bereichernd die Ehe für ein Leben sein kann. Der Zölibat, diese erzwungene Ehelosigkeit und Enthaltsamkeit, der auch ich mich einst unterworfen hatte, erschien mir immer abstruser. *Die Ehe verbieten und verdammen* ist doch fast so, als ob man *Essen, Trinken, Schlafen* verbieten will.

Käthe übernahm schnell wichtige Aufgaben, verwaltete die Ländereien und das Leben im Schwarzen Kloster. 1532 überließ Kurfürst Johann uns das gesamte Gebäude. Es wurde zur Herberge auf Zeit für viele Gäste. Zeitweilig lebten bis zu zwanzig Studenten bei uns. Für die Familie bauten wir im Obergeschoss eine Wohnung aus. Käthe bewirtschaftete das Kloster, zu dem auch Ställe für Pferde und Kleinvieh gehörten. Auch eine Brauerei ließ sie errichten, die Gäste wollten schließlich auch bewirtet werden. Ordentlich führte sie Buch über Einnahmen und Ausgaben. Um die Arbeit zu bewältigen, stellte sie Bedienstete an. Obwohl ich mir über die Finanzen kaum Gedanken machte und mir häufig etwas leihen musste, wirtschaftete Katharina so geschickt, dass wir es tatsächlich zu Wohlstand brachten.

Käthe war eine kluge Frau, mit der ich auch über theologische Themen sinnieren konnte. Wenn ich auf Reisen war, hielt ich sie durch Briefe auf dem Laufenden. Käthe war immer rührend um mich bemüht. Als ich mich während des Augsburger Reichstages auf der Veste Coburg aufhielt, schickte sie mir ein gezeichnetes Porträt unserer jüngsten Tochter Lenchen – ich hängte es mir gleich über den Schreibtisch. Und ihr Bier erst, kaum ein anderes konnte da mithalten. *Es ist eine besondere und große Gnade wenn sich die Leute in der Ehe gut vertragen.* Ja, *es ist schon ein gut Ding um die Ehe, wenn es wohl gerät, wenn es aber übel gerät, so ist es die Hölle.* Das sah ich auch bei vielen anderen um uns herum. *Es ist kein besser Ding auf Erden, denn Frauenlieb, wem sie zuteil kann werden.* Und Katharina, das denke ich wohl, liebte mich herzlich und auch ich wusste immer, was ich an ihr hatte. Deswegen hätte ich meine Käthe nicht gegen Frankreich oder Venedig eingetauscht.

Als Familienmensch war ich wirklich ein Spätberufener – dennoch bin ich froh, dass sich alles so gefügt hat. Mit einundvierzig heiratete ich, mit zweiundvierzig wurde ich zum ersten Mal Vater, eine wunderbare Erfahrung. *Kinder sind der lieblichste Pfand in der Ehe, sie sind die beste Wolle am Schaf, sie binden und erhalten das Band der Liebe.* Sechs Kinder wurden Käthe und mir geboren. Ich erlebte mit ihnen Alltagsfreuden und Familienstress – wie wohl jeder Vater.

Als Katharina unser erstes Kind unter dem Herzen trug und immer runder wurde, hörte ich schon, wie die Menschen um uns herum zu tuscheln begannen. Was sollte das für ein Kind werden? Alten Überlieferungen nach hieß es doch, der Antichrist werde einst aus der Ehe zwischen einem Mönch und einer Nonne hervorgehen. Manche Nacht plagten uns Albträume, denn obwohl wir uns nichts vorzuwerfen hatten, blieben letzte Zweifel. Würde das Kind vielleicht missgebildet zur Welt kommen, weil wir unsere Gelübde gebrochen hatten?

Als unser Sohn Hans dann geboren wurde, war er aber ohne Fehl und Tadel. Er war mein ganzer Stolz. Gerne nahm ich ihn bei Tisch auf den Schoß und hatte auch nichts dagegen, ihm die Windeln frisch zu machen – auch wenn meine Freunde sich oft darüber lustig machten. Ich hielt ihnen entgegen: *Wenn ein Mann herginge und wüsche die Windeln oder täte sonst an Kindern ein verachtet Werk, und jedermann spottete seiner und hielte ihn für einen Maulaffen und Frauenmann, obwohl ers doch in christlichem Glauben täte; Lieber, sage, wer spottet hier des anderen am feins-*

ten? Gott lacht mit allen Engeln und Kreaturen, nicht, weil er die Windeln wäscht, sondern weil ers im Glauben tut. Jene Spötter aber, die nur das Werk sehen und den Glauben nicht sehen, spottet Gott mit aller Kreatur als der größten Narren auf Erden; ja sie spotten nur ihrer selbst und sind des Teufels Maulaffen mit ihrer Klugheit.

Kinder sind das Beste, was wir hervorbringen können. Wenn du ein Kind siehst, hast du Gott auf frischer Tat ertappt. Von Kindern können wir viel lernen, mehr als sie von uns. Wie sie gläubig und ehrlich zu uns aufsehen, so sollten wir zum Vater im Himmel aufsehen und ehrlich glauben, dass er es gut mit uns meine. Ich sagte einmal, unser Herr Jesus Christus ist ein Mensch geworden, um die Menschen zu erziehen, so müssen wir wohl wieder werden, wie die Kinder, wenn wir Kinder erziehen wollen.

Zwei Jahre später, in der Adventszeit 1527, wurde Elisabeth geboren und brachte mir neue Freude. Doch die wurde bald abgelöst durch Traurigkeit: Die Pest ging um in Wittenberg, auch Elisabeth steckte sich an. Sie starb, noch nicht mal ein Jahr alt, im August 1528. Ich war todtraurig. Es war *seltsam, ein wie bekümmertes, fast weibisches Herz sie mir zurückgelassen hat, so hat mich der Jammer um sie überkommen.* Doch ich versuchte mich zusammenzureißen, zumal Käthe kurze Zeit nach Elisabeths Tod erneut schwanger wurde.

Magdalene wurde am 4. Mai 1529 geboren. Ich schloss sie sofort ins Herz. Auf meinen Reisen sehnte ich mich sehr nach meinem Lenchen, ein versonnenes Mädchen mit langen rotblonden Haaren. Umso entsetzter war ich, als auch sie schwer erkrankte. Ich saß am Sterbebett meiner Dreizehnjährigen. Als sie auf die Bahre gelegt wurde, hielt ich es nicht mehr aus. Ich rannte davon, der Schmerz war einfach zu groß. Selbst »Christi Tod« konnte mich in meiner Verzweiflung damals nicht trösten.

Ein weiterer Sohn wurde uns 1531 geboren, einen Tag vor meinem eigenen Geburtstag. *Mir hatte der Herr von meiner Käthe einen Martin geschenkt.* Der Kleine fordert unsere volle Aufmerksamkeit. Zwei Jahre später, am 28. Januar 1533, folgte unser nächster Sohn Paul. Paul war ausgesprochen sprachbegabt. Er lernte bei meinem Freund Philipp Griechisch und Latein. Fast zwei Jahre nach Paul, kurz vor Weihnachten, erblickte unsere Tochter Margarethe das Licht der Welt. Sie inspirierte mich zu dem Weihnachtslied »Vom Himmel hoch«.

Ich liebte all meine Kinder, verwöhnte sie und hatte Freude daran, sie zu lehren und auf das Leben vorzubereiten. Dabei bemühte ich mich, nicht ganz so hart mit ihnen zu sein, wie meine Eltern es mit mir gewesen waren. Ob ich immer das richtige Maß zwischen Strenge und Nachsicht gefunden habe? – Ich hoffe es sehr.

Die letzte Stunde schlug auch mir

Man soll arbeiten, als wollte man ewig leben,
und doch so gesinnt sein, als sollten wir diese
Stunde sterben.

Krankheit, Schmerz und Tod gehörten zu meinem Alltag. Selbst einfache Erkältungen oder Schnittverletzungen entwickelten sich oft zu langwierigen Entzündungen. Hinzu kamen Epidemien wie die Pest und der »Englische Schweiß«, eine ebenfalls sehr ansteckende Infektionskrankheit mit meist tödlichem Ausgang, die auch Wittenberg wiederholt heimsuchten. All das erlebte ich bei meinen Mitmenschen und am eigenen Leib. Der kraftstrotzende Held, als der ich heute oft dargestellt werde, war ich jedenfalls nicht. Zeit meines Lebens wurde ich von zahlreichen, teils sehr schmerzhaften Krankheiten heimgesucht. Doch ich versuchte stets, gegen diese Angriffe des Teufels anzugehen.

Neben all den üblichen Infekten litt ich unter einigen chronischen Erkrankungen. Mit zunehmendem Alter wurde das nicht besser. Mich quälten schmerzhafte Verstopfungen und Hämorrhoiden. Zu den Verdauungsbeschwerden kamen bald Schwindel und Beklemmungsgefühle in der Brust hinzu. Später auch noch unerträgliche Kopfschmerzen, Gicht und Nierensteine, die unter Schmerzen abgingen. Manchmal verließen mich die Kräfte, dann wünschte ich mir nur noch den Tod herbei. In solchen Stunden fand ich Hilfe bei Gott, zu ihm betete ich: *Aus tiefer Not schrei ich zu dir, Herr Gott, erhör mein Rufen. Dein gnädig Ohr neig her zu mir und meiner Bitt' es öffne.*

Als die Pest Wittenberg erneut heimsuchte und jeden Tag Menschen starben, empfahlen meine Freunde mir dringend, zu fliehen. Doch ich wusste nicht, wozu überhaupt, die Welt würde schließlich nicht untergehen, »wenn auch Frater Martinus dahinsinkt.« Der Tod war für mich inzwischen sogar ein Grund zur Hoffnung geworden. Wer an Christus glaubt, für den wird der Tod *nicht bitter oder schwer, wie er den Gottlosen ist, sondern ist ein Wechsel, wodurch dieses elende und armselige Leben verändert wird in ein ruhiges und seliges Leben.* Das Leben in Jammer und Trübsal ist beendet, der Verstorbene zieht in ein Reich der Ruhe und des Friedens. Erfolge sah ich damals kaum. Was ich am 31. Oktober 1517 mit den Thesen ausgelöst hatte, war zum Politikum geworden. Weder Papst noch Kaiser hatten die evangelische Erneuerung akzeptiert. Die Kirche hatte sich stattdessen gespalten: was für ein deprimierendes Fazit meiner Bemühungen.

Das freie Predigen des Evangeliums ohne die falschen Lehren der Papisten hatte sich zwar in vielen Ländern des Reiches und darüber hinaus im Norden Europas ausgebreitet. Aber der Kampf um diese neue Freiheit war oft genug hart und erbittert. Ich kämpfte gegen die Papisten mit dem Wort, ja, mit dem scharfen Wort, auch mit Spott, mit Wut und Humor.

Am liebsten wäre ich einfach aus Wittenberg weggezogen – mit Käthe aufs Land. Mein Testament hatte ich längst geschrieben, Käthe sollte alles bekommen, auch wenn das damals nicht üblich war, denn Frauen waren allein nicht mündig. Meine Gegner streuten schon lange Gerüchte, ich sei tot und sie malten schreckliche Bilder. Mein Grab sei von schwefligem Gestank umnebelt, stand da zum Beispiel, ein Zeichen für den Teufel. Ihr seht: Schon damals gab es Fake-News!

Noch immer suchten die Menschen aber auch Rat bei mir. In Mansfeld, der Stadt meiner Kindheit, kam es zu einem Streit um Bergwerksrechte. Ich sollte ihn schlichten. Außerdem sollte dort eine neue Schule gegründet werden. Meine drei Söhne Hans, Martin und Paul begleiteten mich auf der Reise nach Mansfeld. Es ging mir überhaupt nicht gut damals: Stechen und Ziehen in der Herzgegend plagte mich. Auf der Rückreise machten wir Station in Eisleben. »Wenn ich wieder heim gen Wittenberg komme«, sagte ich am 16. Februar 1546 zu den Kindern, »so will ich mich alsdann in den Sarg legen und den Maden einen feisten Doktor zu essen geben.« Doch zurück nach Wittenberg schaffte ich es nicht mehr. Obwohl sich Ärzte und Freunde um mich kümmerten, durchlebte ich nun selbst, was mir an so vielen Sterbebetten schon klargeworden war: Am Ende, im Sterben, ist jeder allein und muss *für sich mit dem Tod kämpfen. Ein jeglicher muss für sich selber bereit sein in der Zeit des Todes.* Am 18. Februar 1546 um drei Uhr morgens war es so weit.

Ja, damals habe ich mich von dieser Erde also erst einmal verabschiedet – um jetzt wiederzukommen? Hier sitze ich nun wieder in meiner Kammer, die so viel gesehen hat von meinem Leben, von meinen Freuden und von meinen Leiden. Der Morgen graut, ein bisschen Licht dringt schon herein. Ein neuer Tag bricht an – ein Neubeginn. Vielleicht bricht er auch bei Euch an, das wäre meine Hoffnung. Ihr feiert 500 Jahre Reformation. Wohlan, feiert es recht.

Vor 500 Jahren veröffentlichte ich meine Thesen und stellte damit zur Diskussion, ob die Kirche die Frohe Botschaft noch im Sinne der Heiligen Schrift verkündet. Nun, seht Euch um in Eurer heutigen Welt: Wie steht es heute? Wie steht es um Euren Glauben?

Wichtig ist mir, dass Ihr beherzt: Ein Christ muss ein fröhlicher Mensch sein. Wenn er es nicht ist, dann ist er vom Teufel versucht – und wer will das schon sein? Also predigt und zeigt das Evangelium Christi durch Fröhlichkeit auf den Straßen. Mögen die Leute Anstoß nehmen und sagen, was sind das für fröhliche Leute, es werden doch nicht am Ende Christen sein?

Ich werde mich wieder trollen aus meinem Haus. Ich höre schon, dass Menschen kommen, die sich alles anschauen wollen. Große Ausstellungen werden kommen, viel Neues, viel Trubel – wenn es Euch hilft, soll es so sein. Und wenn Ihr heute 500 Jahre Reformation feiert, tut Ihr doch nur eines: Ihr erinnert an mich, der ich vor 500 Jahren wieder fragte: Was ist die Botschaft Christi aus der Schrift und ist es das, worum es der Kirche geht? Und wenn Ihr, alle Christen aller Konfessionen und Kirchen, Euch dies mal wieder fragt, dann begeht Ihr würdig das Reformationsjubiläum. Dazu kann ich Euch nur Gottes Segen wünschen und mich erst einmal verabschieden: Bleibt Gott befohlen!

Nachwort

Beim Wittenberger Stadtfest »Luthers Hochzeit« schlüpfte ich 1997 zum ersten Mal in die Rolle des Martin Luther. Seither habe ich es aus verschiedenen Gründen immer wieder getan. 2017 bin ich also schon zwanzig Jahre der »heutige Luther«.

Ich trete auf bei Stadtführungen, bei Stadtfesten, bei Präsentationen der Lutherstadt Wittenberg oder des Landes Sachsen Anhalt im In- und Ausland, zu Hochtagen der Deutschen Einheit und bei vielen anderen Gelegenheiten. Nach zwanzig Jahren stellt man sich schon mal die Frage: Was hat diese Rolle mit mir gemacht? Und natürlich: Was mache ich in dieser Rolle mit Martin Luther?

Meine Antwort: Ich hoffe, ich mache Luther fassbarer für die Menschen unserer Zeit – als historische Figur, die uns in vielem so nahe zu sein scheint und als Mensch des 16. Jahrhunderts doch so fremd bleibt. Ich versuche, ihn vom Sockel zu holen, seine Lebensumstände und Motivationen nachvollziehbar zu machen und den Menschen eine Annäherung an ihn zu ermöglichen.

Um das zu erreichen, musste ich mich dem historischen Martin Luther erst einmal selbst annähern. Keine leichte Aufgabe – denn schon bei den Personen, denen wir täglich begegnen, gelingen Annäherung und Verständigung nicht immer problemlos. Hinter die Stirn eines anderen kann man letztlich nicht wirklich sehen. Das Annähern an einen anderen, an sein Denken und Fühlen, wird immer von unserer persönlichen Sicht bestimmt. Auch in Menschen, die wir mögen, suchen wir immer ein Stück von uns selbst, von unseren eigenen Ansichten und Motivationen, ja, von unserer eigenen Persönlichkeit. Sich einem Menschen zu nähern, der vor 500 Jahren gelebt hat, der ganz anders aufgewachsen ist als wir heute, mit anderen Eindrücken und Emotionen, mit einer anderen Erziehung und in ganz anderem Umfeld, ist natürlich noch einmal schwieriger.

Martin Luther ist bei weitem die am besten dokumentierte Persönlichkeit des 16. Jahrhunderts. Es gibt viele authentische Zeugnisse von Freunden und Feinden, von Bewunderern und Gegnern. Trotzdem werden die wahren Gedanken und Gefühle dieses Mannes uns nie bis ins

Letzte klarwerden. Ein wirkliches Einfühlen in die Zeit und die Menschen damals ist uns heute nur noch teilweise möglich, da wir unser heutiges Wissen, unsere heutigen, ganz anderen Erfahrungen, unsere heutigen Einsichten und Emotionen nie ausblenden können.

Die Frage »Was würde Martin Luther heute sagen?« ist im Vorfeld des Reformationsjubiläums beliebt geworden. Sie bezieht sich nicht darauf, wie er als Mensch des 16. Jahrhunderts auf die Erscheinungen der heutigen Zeit reagieren würde – wie er sich über Autos und Eisenbahn, Fernsehen und Computer oder über neue Staatsformen wundern würde. Es geht vielmehr darum, wie sich in seinem Sinne Anregungen für die heutige Zeit finden lassen. Die endgültige Spaltung der Kirche, die er nicht mehr erlebte, würde ihn mit Sicherheit schmerzen. Bestimmte Entwicklungen der römisch-katholischen Kirche während der letzten 500 Jahre würde er begrüßen. Über anderes, was sich dort nicht verändert hat, würde er sich weiterhin aufregen. Und vielleicht würde ihn auch aufbringen, wie wenig sich in der evangelischen Kirche seit seiner Zeit geändert hat. In meiner Rolle versuche ich mich genau mit diesen Überlegungen auseinanderzusetzen und die Stimme Martin Luthers in unsere Zeit zu übersetzen. Frei nach dem Motto: Die Theologen haben die Bibel nur unterschiedlich interpretiert. Es kommt aber darauf an, mit ihr die Kirche und die Welt zu verändern.

Theologen, Psychologen und Historiker mögen mir diesen persönlichen Ansatz verzeihen – ich freue mich auf ihre berechtigte Kritik. Ich hoffe, dass dieses Buch vielen Menschen einen neuen, unbeschwerten Zugang zu den Botschaften Martin Luthers eröffnet und vielleicht dazu motiviert, in Gesellschaft und Kirche den protestantischen Grundsatz zu beherzigen: *Ecclesia semper reformanda,* die Kirche muss immer wieder erneuert werden (und die Gesellschaft auch, füge ich hinzu).

Lutherstadt Wittenberg im Januar 2017
Bernhard Naumann

Zeittafel

10. Nov. 1483	Martinus wird in Eisleben geboren
1484	Umzug nach Mansfeld
1488	Einschulung
1491	Lateinschule in Mansfeld
1497	Lateinschule in Magdeburg
1498	Besuch der Pfarrschule in Eisenach
1501	Beginn des Grundstudiums in Erfurt
1503	Philosophiestudium
1505	Magister, Beginn Jura-Studium
2. Juli	Blitz-Gelübde bei Stotternheim
17. Juli	Eintritt ins Augustinerkloster Erfurt
1506	Mönchsgelübde in der Erfurter Klosterkirche
1507	Priesterweihe im Erfurter Dom, Beginn des Theologiestudiums
1508	Versetzung an die Universität Wittenberg

1510/11	Reise nach Rom
1512	Promotion zum Doktor der Theologie, Bibelprofessur auf Lebenszeit, Leitungsaufgaben im Orden
31. Okt. 1517	Veröffentlichung der 95 Thesen zum Ablass
Okt.	Verhör in Augsburg durch Kardinal Cajetan
1519	Disputation in Leipzig mit Johannes Eck
1520	Veröffentlichung wichtiger Schriften, z.B. »Von der Freiheit eines Christenmenschen«
10. Dez.	Verbrennung der päpstlichen Bannandrohungsbulle
1521	Bann durch Papst Leo X.
17./18. April	Auftritt vor dem Reichtag in Worms
4. Mai	Als »Junker Jörg« auf der Wartburg, Übersetzung des Neuen Testaments
1524	Martinus legt die Mönchskutte ab

1525	Im Bauernkrieg stellt Martinus sich auf Seite der Fürsten
13. Juni	Heirat mit Katharina von Bora
7. Juni 1526	Geburt des Sohnes Hans (Johannes)
10. Dez. 1527	Geburt der Tochter Elisabeth († 3. August 1528)
4. Mai 1529	Geburt der Tochter Magdalena
1530	Aufenthalt auf der Veste Coburg, während Melanchthon beim Reichstag in Augsburg das evangelische Bekenntnis verfasst; Vater Hans stirbt; 1531 auch die Mutter Margarethe
3. Nov. 1531	Geburt des Sohnes Martin
28. Jan. 1533	Geburt des Sohnes Paul
17. Dez. 1534	Geburt der Tochter Margarethe
1542	Martinus setzt sein Testament auf
20. Sept.	Tod der Tochter Magdalena
18. Febr. 1546	Martinus stirbt in Eisleben